Erwin Graf

Chemie

Chemische Trennverfahren und Carbonsäuren

Lernen an Stationen im Chemieunterricht

Auer Verlag GmbH

Gedruckt auf umweltbewusst gefertigtem, chlorfrei gebleichtem
und alterungsbeständigem Papier.

1. Auflage. 2001
Nach der Neuregelung der deutschen Rechtschreibung

Satz: Fotosatz H. Buck, Kumhausen
Illustrationen: Beatrix Franke, Erfurt
Druck und Bindung: Ludwig Auer GmbH, Donauwörth
ISBN 3-403-03400-3

Inhalt

Hinweise

Lernen an Stationen im Chemieunterricht (Lernzirkel)
Theoretische Begründungen und praktische Beispiele

a) Chemische Trennverfahren (Anfangsunterricht, 1. Unterrichtsjahr Chemie)
b) Carbonsäuren (Chemie für Fortgeschrittene, 3./4. Unterrichtsjahr Chemie)

Für die Seele ist erzwungenes Lernen
nie von bleibendem Wert.

PLATON

Allgemeine didaktische Überlegungen und Empfehlungen für die Planung und Durchführung von Lernzirkeln

Der Lernzirkel als Arbeitsform stellt eine von vielen Ergänzungen und Alternativen zum konventionellen lehrergeführten lehrgangsmäßigen Unterricht dar und wurde von der Reformpädagogin *Helen Parkhurst* bereits im Jahre 1920 entwickelt und erprobt u.a. mit dem Ziel, die Eigenständigkeit und Eigenverantwortung der Lernenden bestmöglich fördern zu können. Insbesondere im Zusammenhang mit der Diskussion um die sog. Schlüsselqualifikationen wird das eigenständige, eigenverantwortliche, sachbezogene Arbeiten der Schüler immer stärker eingefordert.

Das Charakteristikum eines Lernzirkels – in der Literatur auch Arbeit an Stationen oder Stationenlernen genannt – besteht darin, dass Schüler meist mit einem Partner oder in Kleingruppen gleichzeitig an verschiedenen Stationen weitestgehend selbstständig und eigenverantwortlich arbeiten, denn das Unterrichtsziel „Selbstständigkeit durch Selbsttätigkeit" hat oberste Priorität. Die Schüler finden an den verschiedenen Stationen didaktisch (in der Regel vom Lehrer) aufbereitetes Material vor, das sie zu bearbeiten haben. Die Materialien (Versuchsanleitungen, Texte aus Büchern oder Zeitungen/Zeitschriften, Kreuzworträtsel, PC mit Programm etc.) sind so aufbereitet, dass die Schüler möglichst ohne Anleitung durch die Lehrperson sich ganz individuell (in Tempo, Arbeitsform, Zugangsmöglichkeiten mittels verschiedener Eingangskanäle etc.) mit der Thematik beschäftigen können.

Die Hauptarbeit des Lehrers beim Lernzirkel liegt darin, dass eine bestimmte Thematik des Lehrplans (oder ein anderer Bildungsinhalt) in der Unterrichtsvorbereitung so aufbereitet werden muss, dass einzelne kleinere Bausteine entstehen, die die Schüler an den einzelnen Stationen bearbeiten müssen; es braucht wohl an dieser Stelle nicht besonders betont zu werden, dass die einzelnen Stationen möglichst interessant gestaltet sowie recht vielfältig sein sollten.

Die Reihenfolge der Bearbeitung der einzelnen Stationen kann fest vorgegeben sein oder auch frei wählbar, sofern die Stationen nicht aufeinander aufbauen; auch besteht die Möglichkeit, dass weder die Einstiegsstation (Pfeil nach innen) noch die Ausstiegsstation (Endstation; Pfeil nach außen) festgelegt ist, sondern vielmehr die Schüler den Ein- und Ausstieg aus dem Lernzirkel selbst bestimmen können, um beispielsweise individuelle Interessen und Fähigkeiten der Schüler noch stärker in den Mittelpunkt der unterrichtlichen Arbeit zu stellen (vgl. Abb. 1).

Eine zweifelsohne recht interessante Variante der Lernzirkelarbeit besteht darin, dass man einen äußeren und einen inneren Lernzirkel bildet, wobei beispielsweise die Stationen des äußeren Lernzirkels (z.B. Stationen 1 bis 8) verbindlich sind (Fundamentum), während die Stationen des inneren Lernzirkels z.B. die Lernstationen A bis D) frei wählbar sind (Additum) und so beispielsweise auch als „Pufferzeit" von den Schülern sinnvoll genutzt werden können (vgl. Abb. 2).

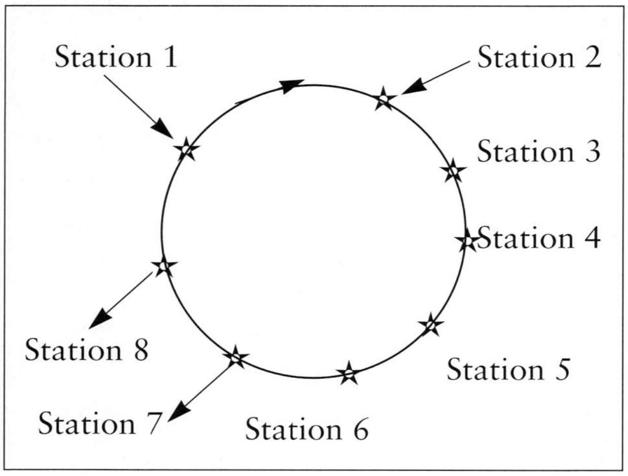

Abb. 1: Ablauf eines Lernzirkels bzw. Lernen an Stationen (Schema)

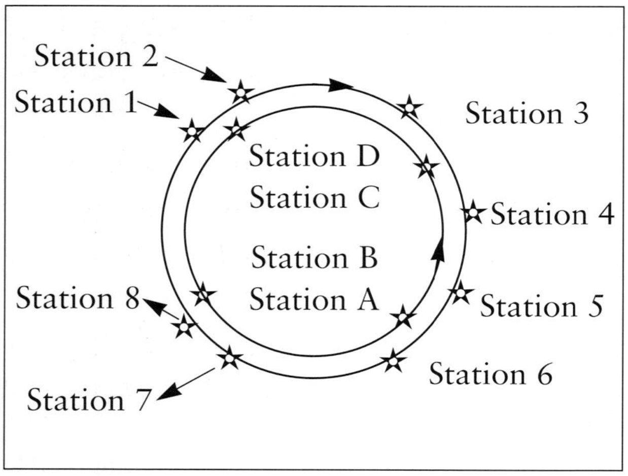

Abb. 2: Variation des einfachen Lernzirkels: Fundamentum (Stationen im äußeren Kreis; im Uhrzeigersinn) und Additum (Additionen im inneren Kreis; gegen den Uhrzeigersinn)

Im Idealfall entscheiden die Schüler selbst, ob sie die Stationen des Lernzirkels in Gruppen, zu zweit oder allein bearbeiten. Aus der Erfahrung des Verfassers ist das Arbeiten in Zweier- und Dreiergruppen am intensivsten und gewinnbringendsten für die Schüler, da sie sich in dieser Form recht gut beraten und auch gegenseitig helfen können, zugleich aber auch vielfältige soziale Lernerfahrungen zu machen sind.

Entsprechend den tragenden Unterrichts- und Bildungszielen „Selbstständigkeit", „Eigenverantwortung", „Selbstkontrolle", „Interessenförderung", „Erziehung zu und Freude an Leistung" etc. sollten die Schüler die Möglichkeit der Selbstkontrolle haben, wobei die Lösungen zu den Aufgaben allerdings nicht unbedingt – wie in der inzwischen sehr umfangreichen Literatur zur „freien Arbeit" empfohlen – an der betreffenden Station ausliegen müssen; vielmehr ist es durchaus denkbar und oft auch sinnvoll, dass sich die Schüler – beispielsweise bei experimentellen Aufgaben – anhand des Schulbuches, anhand von Fachbüchern oder anderen – auch elektronischen – Medien informieren und sich ggf. bei Mitschülern bzw. beim Chemielehrer vergewissern können, ob die Aufgaben und Fragen von ihnen korrekt und vollständig gelöst wurden.

Lernzirkel- bzw. Stationenarbeit hat im Chemieunterricht übrigens neben den bereits erwähnten u. a. die folgenden Vorteile:

- Schüler können ihre Interessen und Fähigkeiten gut kennen lernen und ihre Kenntnisse mit denen anderer Schüler vergleichen, ohne dass sofort das Lernen belastende Wettbewerbssituationen entstehen.
- Da verschiedene Gruppen an unterschiedlichen Stationen arbeiten, müssen die gleichen Materialien (z. B. Destillationsapparaturen) nicht in größeren Stückzahlen vorhanden sein.
- Aufgaben des Lehrers wie direkte Zuwendung, Beratung und Hilfestellung der Schüler können differenzierter wahrgenommen werden.
- Die Schüler lernen kleinere Schwierigkeiten selbst zu meistern, können mit anderen Kommunizieren und das Ergebnis zunächst intern besprechen, bevor es in die größere Gruppe getragen wird.

Hinweise für die Lernzirkelarbeit (Kopiervorlage für OHP-Folie):

1. Arbeitet in **Kleingruppen** (2er-, 3er- oder 4er-Gruppen) zusammen. Helft und unterstützt euch gegenseitig.
2. Geht mit den **Materialien** an den Stationen schonend um. Experimentiert sorgfältig und vorsichtig.
3. Holt euch zu **Beginn** der Lernzirkelarbeit die Materialien von ihrem Aufbewahrungsort (z. B. Schrank, Laborwagen) und bringt die Materialien am **Ende** wieder zurück an ihren Platz. Achtet auf Vollständigkeit der Materialien.
4. Arbeitet die Stationenaufgben **sorgfältig und zügig** durch.
5. **Notiert (protokolliert)** eure Ergebnisse übersichtlich und vollständig auf die Kopiervorlage der betreffenden Station bzw. ins Chemieheft oder den Chemieordner.
6. Versucht die auftretenden **Fragen und Probleme** zunächst in der Kleingruppe allein und selbstständig zu lösen. Kommt ihr bei bestimmten Aufgaben nicht weiter, so wendet euch mit den Fragen und Problemen an die Lehrperson.
7. Füllt das „**Arbeitsprotokoll**“ bei jeder Stationenarbeit so aus, dass ihr einen Überblick über die bereits bearbeiteten Stationen und die dafür benötigte Zeit habt.

... nun viel Freude und Erfolg bei der Arbeit!

Empfehlungen für die Planung und Durchführung des experimentellen Lernzirkels „Chemische Trennverfahren“

Bei der Lernzirkelarbeit am Thema „Chemische Trennverfahren“ kommt es insbesondere darauf an, dass sich die Schüler bereits in der Anfangsphase des Chemieunterrichts im **zielorientierten Arbeiten im Team** üben, ihr Wissen über die verschiedenen Trennverfahren erweitern und sich im **selbstständigen eigenverantwortlichen Experimentieren** üben können. Die chemischen Trennverfahren sollen sich die Schüler nicht nur experimentell erschließen, sondern auch die zugrunde liegenden Prinzipien erkennen. Ferner sollen sie beurteilen lernen, bei welcher technischen Frage- und Problemstellung welches chemische Trennverfahren sinnvoll ist bzw. technisch zur Anwendung kommen könnte.

Durch die Lernzirkelarbeit soll mithilfe der einzelnen Stationen der systematische Aufbau von Wissen durch den Schüler im Sinne des **Konstruktivismus** gezielt gefördert werden, d. h. mithilfe der verschiedenen unterschiedlichen Lernvoraussetzungen und Lernerfahrungen in ihrer Fach-, Sozial-, Methoden- und Medienkompetenz bestmöglich gefördert und gefordert, d. h. in ihrer **Handlungskompetenz** vorangebracht werden.

Um den **Lernfortschritt** der verschiedenen Schüler während der Lernzirkelarbeit feststellen zu können, erscheint dem Verfasser aufgrund der eigenen unterrichtlichen Erfahrungen mit Lernzirkeln folgende Vorgehensweise sinnvoll: Vor Beginn der Arbeit am Lernzirkel „Chemische Trennverfahren“ erhalten die Schüler einen **Vortest** (s. Vorlage Seite 13), den sie in Einzelarbeit bearbeiten sollen und mit dessen Hilfe sie ihr Vorwissen zum Thema feststellen können. Der Test verbleibt bei dem jeweiligen Schüler und wird nicht korrigiert. Am Ende der Lernzirkelarbeit erhalten die Schüler den zum Vortest inhaltsgleichen **Nachtest** (s. Vorlage Seite 14) zur Bearbeitung. Den bearbeiteten Nachtest können die Schüler ggf. selbst korrigieren, sofern den Schülern ein Lösungsblatt mit dem Erwartungshorizont für die verschiedenen Aufgaben zur Verfügung gestellt oder im Unterrichtsraum zur Einsichtnahme ausgelegt wird.

Zu Beginn des Lernzirkels ist mit der Klasse zu klären, in welchen sozialen Gruppierungen gearbeitet werden kann bzw. soll (z. B. in Partnerarbeit mit einem selbst gewählten Mitschüler), wie viele Stationen bzw. welche der Stationen sog. **„Pflichtstationen“** bzw. fakultative **„Wahlstationen“** sind, wie viel Unterrichtszeit (Unterrichtsstunden) insgesamt zur Verfügung steht und wie die Fixierung bzw. **Protokollierung** der arbeiteten Ergebnise bei den vierschiedenen Stationen durch die Schüler erfolgen soll. Ferner sollten die Schüler vor Beginn der eigentlichen Stationenarbeit einen orientierenden Überblick über die Themenbereiche der einzelnen Stationen so frühzeitig erhalten, damit ggf. den Interessen der Schüler Rechnung getragen werden kann.

Während der eigentlichen Lernzirkelarbeit, die sich über einen Zeitraum von bis zu zehn Unterrichtsstunden erstrecken kann, kommt dem Lehrer die Aufgabe des Beobachters, Beraters, Moderators und Anregers zu, denn schließlich sollen die Schüler möglichst selbstständig die zu bearbeitenden Probleme lösen lernen.

Am Ende der Arbeit an den Lernstationen sollte auf eine **Ergebnissicherung** und Vergewisserung über die Ergebnisse an den einzelnen Stationen nicht verzichtet werden. Hierzu bieten sich verschiedene Möglichkeiten an, von denen einige im Folgenden genannt sind:

- Jeweils eine Schülergruppe stellt eine Lernstation mit ihren Ergebnissen der Klasse vor.
- Jede Lernstation wird mit ihren Ergebnissen im Klassengespräch besprochen.
- Der Erwartungshorizont für jede Station liegt offen aus, sodass die Schüler ihre Ergebnisse mit der Modelllösung vergleichen und die eigene Lösung ggf. korrigieren und komplettieren können.

Übersicht über die Stationen „Chemische Trennverfahren“

Die meisten Dinge, die in der Natur vorkommen und die uns im Alltag begegnen, sind Stoffgemische. Stoffgemische sind zum Beispiel Trinkwasser, Meerwasser, Milch, Humus, Granitgestein.

Durch geeignete Verfahren (Methoden) kann man die einzelnen Bestandteile voneinander trennen – sofern man möchte. An den verschiedenen Stationen sollen verschiedene Trennverfahren (Trennmethoden) angewandt werden.

Station 1: Sedimentieren und Dekantieren

Station 2: Filtrieren (Filtern)

Station 3: Eindampfen

Station 4: Destillieren

Station 5: Extrahieren

Station 6: Chromatografieren

Station 7: Vermischtes zu „Trennverfahren“

Puffer-/Wahlstation 1: Trinkwasser aus Meerwasser

Puffer-/Wahlstation 2: Dialyse

Puffer-/Wahlstation 3: Rätselhaftes Trennen

Vorbemerkungen zum Thema „Chemische Trennverfahren“

Schwerpunkte der Lernzirkelarbeit zum Thema „Chemische Trennverfahren“:

- vertraut werden mit verschiedenen chemischen Trennverfahren
- sich im Anwenden von Alltags- und Fachwissen üben
- entdeckendes, forschendes Lernen ermöglichen
- selbst verantwortlich und zuversichtlich allein und in Gruppen arbeiten lernen
- um die Eigenverantwortung wissen und entsprechend handeln lernen.

Fachliche und überfachliche Lernziele:

Es ist wichtig, dass die Lernenden ausbaufähiges Wissen und dauerhafte Fähigkeiten erwerben.

- Arbeitsanweisungen sorgfältig zu lesen und zielsicher anzuwenden
- die eigenen experimentellen Fähigkeiten weiterzuentwickeln
- beschreiben und beurteilen zu lernen, wie die verschiedenen chemischen Trennverfahren ablaufen, wo ihre Möglichkeiten und Grenzen sind
- die Kenntnisse um die Trennverfahren anwenden und transferieren zu können
- einzusehen, dass analytische Trennverfahren nur dann erfolgreich sind, wenn sorgfältig gearbeitet wird und die Beobachtungen sorgfältig ausgewertet werden
- um die ausgenutzten Stoffeigenschaften bei den verschiedenen Trennverfahren beurteilen zu lernen, wann ein Trennverfahren sinnvoll ist und wann nicht
- Konzentrationsangaben (Gew.-%, Vol-%, ppm etc.) mit Inhalt zu füllen und anwenden zu können.

Vorgesehene Zeitdauer: 6–10 Unterrichtsstunden in Abhängigkeit von der Leistungsfähigkeit und Interessenlage der Lernenden, von der Anzahl verbindlich festgelegter Lernstationen, vom Vorwissen und den Erfahrungen der Schüler mit Formen selbsttätigen Lernens und eigenverantwortlichen Handelns.

Laufzettel für die Stationen „Chemische Trennverfahren“

Allgemeine Hinweise an die Schülerinnen und Schüler für die Arbeit an den Stationen:

1. Arbeitet bitte sorgfältig und vorsichtig. Fragt eure Lehrerin bzw. euren Lehrer, wenn ihr mit einem Versuch nicht weiterkommt.
2. Skizziert den Versuchsaufbau und notiert eure Beobachtungen. Versucht dann die Beobachtungen zu deuten und schlagt erst anschließend im Chemiebuch nach, um eure Vermutungen zum Versuchsverlauf anhand des Buches zu überprüfen.
3. Lest über die Trennverfahren auch im Chemiebuch nach und notiert die wichtigsten Punkte in euer Heft; nennt auch Beispiele, wo die Trennverfahren in der Natur, der Umwelt und in der Technik eine Rolle spielt.
4. Alle Hinweise und Aufgaben finden sich auf den Stationenblättern. Solltet ihr bei einem Problem nicht weiterkommen, so beratet euch zunächst in der Gruppe, lest in Büchern nach, nutzt das Internet ... und wenn es immer noch nicht gelingt: Fragt die Chemielehrerin/den Chemielehrer.
5. Experimentiert vorsichtig und stets mit möglichst kleinen Mengen! Schutzbrille benutzen!
6. Entsorgt die Versuchschemikalien nach Vorschrift im „Entsorgungsset“ eurer Schule.

Datum	Zeitdauer (in Min.)	Thema/Station	Zusammenarbeit (Mitschüler)

Habt ihr noch Fragen?

Name: Arbeitsgr.: Klasse: Datum:

Laufzettel für die Stationen „Chemische Trennverfahren“

Bemerkungen zu einzelnen Stationen (z. B. Schwierigkeitsgrad, Aufgaben) **und der gemeinsamen Arbeit in der Gruppe** (z. B. Zusammenarbeit, Arbeitsteilung, Effektivität, aufgetretene Schwierigkeiten etc.):

Einschätzung der **eigenen** Arbeit und des **eigenen** Lernerfolgs während der Stationenarbeit:

Name: Arbeitsgr.: Klasse: Datum:

Vortest „Chemische Trennverfahren“

Datum: ______________________ max. Punktzahl: 14 Punkte
Klasse: ______________________ erreichte Punktzahl:
Name: ______________________

Test „Chemische Trennverfahren“

1. Vervollständige folgende Tabelle zu „chemischen Trennverfahren“. 5 P.

Name des Trennverfahrens	Ausgenutzte Stoffeigenschaft	Anwendungsbeispiel
______________	Unterschiedliche Siedetemperaturen	______________
Extrahieren	______________	______________
______________	______________	Schlamm setzt sich in einem Glas mit Schmutzwasser ab
______________	Unterschiedliche Größe der Teilchen von Stoffen	______________
______________	Unterschiedliche Dichte von Stoffen	______________
Chromatographieren	______________	______________

2. Im Meerwasser ist Salz enthalten. Wie gewinnt man beispielsweise am Mittelmeer aus dem Meerwasser das Salz? Skizziere und beschreibe das Verfahren. 3 P.

____
____

3. Lässt man heißen Kaffee, den man mit viel Zucker versetzt hat, allmählich abkühlen, so findet man schließlich Zucker am Boden des Gefäßes. Wie nennt man dieses Trennverfahren und worauf beruht es? 2 P.

____
____

4. Nenne und beschreibe die Trennverfahren, die man beim „Kaffeemachen“ mit Hilfe einer Kaffeemaschine anwendet. 4 P.

____
____

Nachtest „Chemische Trennverfahren“

Datum: ______________________________ max. Punktzahl: 14 Punkte
Klasse: ______________________________ erreichte Punktzahl:
Name: ______________________________

Test „Chemische Trennverfahren“

1. Vervollständige folgende Tabelle zu „chemischen Trennverfahren“. 5 P.

Name des Trennverfahrens	**Ausgenutzte Stoffeigenschaft**	**Anwendungsbeispiel**
____________ ____________	Unterschiedliche Siedetemperaturen	____________ ____________
Extrahieren	____________ ____________	____________ ____________
____________ ____________	____________ ____________	Schlamm setzt sich in einem Glas mit Schmutzwasser ab
____________ ____________	Unterschiedliche Größe der Teilchen von Stoffen	____________ ____________
____________ ____________	Unterschiedliche Dichte von Stoffen	____________ ____________
Chromatographieren	____________ ____________	____________ ____________

2. Im Meerwasser ist Salz enthalten. Wie gewinnt man beispielsweise am Mittelmeer aus dem Meerwasser das Salz? Skizziere und beschreibe das Verfahren. 3 P.

____

____

3. Lässt man heißen Kaffee, den man mit viel Zucker versetzt hat, allmählich abkühlen, so findet man schließlich Zucker am Boden des Gefäßes. Wie nennt man dieses Trennverfahren und worauf beruht es? 2 P.

____

____

4. Nenne und beschreibe die Trennverfahren, die man beim „Kaffeemachen“ mit Hilfe einer Kaffeemaschine anwendet. 4 P.

____

____

Station 1: Sedimentieren und Dekantieren

Material: – gewaschener Sand, Humus, Glasstab, Spatellöffel, Standzylinder (100 ml) oder große Reagenzgläser
– Chemiebücher

Durchführung:

1. Füllt drei große Reagenzgläser (oder Standzylinder) zu etwa $\frac{3}{4}$ mit Wasser.
2. Gebt dann in Reagenzglas 1 einen halben Teelöffel Sand, in Reagenzglas 2 einen halben Teelöffel Gartenboden (Humus) und in Reagenzglas 3 einen halben Teelöffel Eisenpulver.
3. Rührt anschließend mit einem Glasstab gut um und beobachtet, was mit den Suspensionen geschieht.

Aufgaben:

1. Haltet die Versuchsbeobachtungen in einer Tabelle wie der unten stehenden Übersicht fest.

Versuchsprotokoll:

	Sand in Wasser	**Humus in Wasser**	**Eisenpulver in Wasser**
Aussehen zu Versuchsbeginn			
Aussehen nach 2 Minuten			
Aussehen nach 4 Minuten			
Aussehen nach 6 Minuten			

2. Wie lassen sich die unterschiedlichen Versuchsbeobachtungen erklären? Lest dazu in Chemiebüchern nach.
3. Welches ist die Stoffeigenschaft, die man beim Sedimentieren zur Stofftrennung ausnutzt?
4. Was versteht man unter Dekantieren („Abgießen“)?
5. Wo werden die Verfahren „Sedimentieren“ und „Dekantieren“ in der Natur und der Technik genutzt? Nennt Beispiele.

Name: Klasse: Datum:

Station 2: Filtrieren (Filtern)

Material:

gewaschener Sand, Tusche, blaue Tinte, rote Tinte, grüne Tinte, Reagenzgläser, Rundfilter, Glasstab, Glastrichter, Becherglas (100 ml)

Durchführung:

1. Füllt ein Becherglas (100 ml) mit etwa 20 ml Wasser.
2. Gebt dann etwas Sand, ein paar Tropfen Tusche und etwa 30 bis 50 Tropfen von verschiedenen Tinten hinzu.
3. Rührt nun mit dem Glasstab um.
4. Legt nun ein Filterpapier in den Glastrichter und setzt den Glastrichter auf ein Reagenzglas.
5. Gießt einen Teil der Mischung durch das Papierfilter und beobachtet, was im Filter hängen bleibt und was durch den Filter „durchfließt“.
6. Entsorgt die Stoffe sachgemäß: Filterpapier in den Abfalleimer, den Rest gut ausspülen.

Aufgaben:

1. Haltet die Versuchsbeobachtungen in einer Tabelle nach folgendem Muster fest.

	Versuchsbeobachtungen	Anmerkungen
Farbe des Gemisches bei Versuchsbeginn, d. h. vor dem Filtern		
Farbe der Stoffe im Filterpapier nach Versuchsende		
Farbe des Filtrats, das durch das Filterpapier fließt		

2. Welche Stoffeigenschaft wird beim Filtrieren ausgenutzt? Lest in Chemiebüchern nach.

____

3. Wo nutzen wir das Filtern als Trennverfahren im Alltag? Nennt Beispiele.

____

____

Name: Klasse: Datum:

Station 3: Eindampfen

Schutzbrille verwenden! Vorsichtig experimentieren!

Material:

Meerwasser (Salzwasser: 1 Teelöffel Kochsalz oder zerkleinertes Steinsalz in 50 ml Wasser auflösen), schwarze Porzellanschale (innen möglichst geschwärzt) oder weiße Porzellanschale bzw. Abdampfschale aus Glas, Brenner, Drei- oder Vierfuß mit Drahtnetz, Becherglas (50 ml)

Durchführung:

1. Gebt ca. 10 ml Meerwasser (Salzwasser) in eine Porzellan- oder Abdampfschale. Die Schale soll höchstens zur Hälfte mit Flüssigkeit gefüllt sein.
2. Stellt die Schale auf das Drahtnetz und erhitzt von unten mäßig mit dem Brenner. Nicht zu stark erhitzen!
3. Rührt das Meerwasser langsam mit dem Glasstab um.
4. Sobald das Meerwasser zu sieden beginnt, nur noch schwach erwärmen. Vorsichtig weiterrühren.
5. Die Brennerflamme löschen, wenn noch etwa 5 ml Flüssigkeit vorhanden sind.
   Vorsicht! Aus der Porzellanschale können Stoffportionen herausspritzen.

Aufgaben:

1. Haltet eure Versuchsbeobachtungen schriftlich fest. Zeichnet auch den Versuchsaufbau und beschriftet die Skizze.
2. Informiert euch anhand des Chemiebuches über das Eindampfen und die dabei ausgenutzte Stoffeigenschaft.
3. Vervollständigt den folgenden Lückentext.
   Durch ______________ des Lösungsmittels kann man aus einer Lösung einen ______________-stoff abtrennen: Zunächst verdampft das ______________-mittel, da es eine niedrigere ______________-temperatur hat als der gelöste Feststoff. Dadurch steigt die ______________ des gelösten Stoffes in der Lösung an, bis sich die kleinsten Teilchen des Feststoffes (in unserem Beispiel: Salz) wieder zu ______________ zusammenfügen.

Name: Klasse: Datum:

Station 4: Destillieren (Destillation)

Schutzbrille verwenden! Vorsichtig experimentieren!

Material:

Destillationsapparatur (s. nebenstehende Abbildung), Thermometer, Rotwein, Becherglas (50 ml) als Vorlage, Heizpilz als Wärmequelle, ggf. Internet

Durchführung:

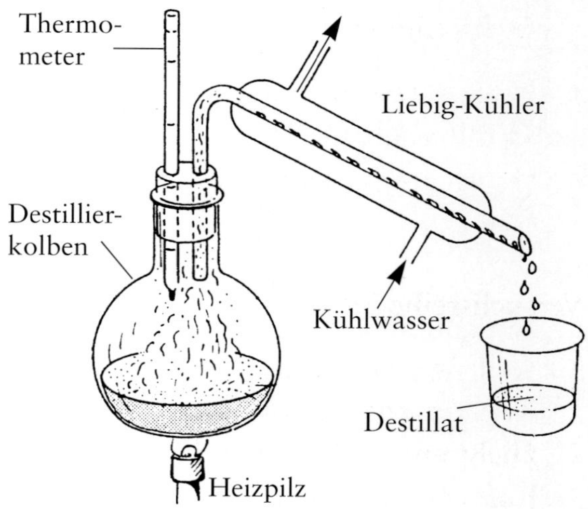

1. Baut die Destillationsapparatur nach nebenstehender Abbildung auf.
2. Gebt 50 ml Rotwein sowie drei Siedesteinchen in den Rotwein.
3. Setzt das Thermometer auf und schließt die Kühlung an. Informiert euch im Chemiebuch über den Kühlwasserzulauf und -ablauf. Setzt dann die Wasserkühlung langsam in Gang.
4. Erhitzt nun den Rundkolben mit dem Rotwein mithilfe eines Heizpilzes zunächst kräftig (Stufe II), bis die Temperatur bei ca. 50 °C liegt.
5. Schaltet dann den Heizpilz zurück auf Stufe 1.
6. Fangt das Destillat in einem Becherglas auf.

Aufgaben:

1. Skizziert den Versuchsaufbau und beschriftet die Skizze.
2. Lest die Temperatur am Thermometer alle zwei Minuten ab und notiert den Temperaturverlauf in einer Tabelle (Spalte 1: Zeit in Minuten; Spalte 2: Temperatur in °C).
3. Notiert die Temperatur, wenn der erste Tropfen Destillat in die Vorlage tropft. Vermerkt Farbe und Geruch des Destillats. Um welchen Stoff könnte es sich beim Destillat handeln?
4. Welche Stoffeigenschaft wird beim Destillieren ausgenutzt? Informiert euch im Chemiebuch.
5. Sucht nach Anwendungen für das „Trennverfahren Destillation" in Haushalt und Technik. Notiert eure Ergebnisse.

Name: Klasse: Datum:

Station 5: Extrahieren

Material:

Teebeutel mit Fruchstückchen, Salbei, Pfefferminze, Schwarztee u. a.; gemahlener Kaffee; 100-ml-Bechergläser; Rundfilter; Kaffeefilter, Glastrichter

Durchführung:

Versuchsreihe 1:

1. Füllt einige Bechergläser etwa zur Hälfte mit heißem Wasser (ca. 60 bis 80 °C).
2. Hängt jeweils einen Teebeutel in ein Becherglas und beobachtet.

Versuchsreihe 2:

1. Gebt in zwei Kaffeefilter jeweils ca. 1 Kaffeelöffel gemahlenen Kaffee, setzt die Filter in je einen Trichter und hängt sie in ein Reagenzglas.
2. Gießt nun in den einen Filter einige Milliliter kaltes Wasser, in den anderen Filter einige Milliliter heißes Wasser und beobachtet.

Aufgaben:

1. Haltet die Versuchsbeobachtungen übersichtlich fest.
2. Welche Stoffeigenschaften nutzt man bei der Extraktion aus?

   ____

3. Erläutert den Begriff „Extraktionsmittel" und nennt Beispiele für häufige Extraktionsmittel.

   ____

4. Nennt Beispiele aus dem Alltag und der Technik, wo das Trennverfahren „Extrahieren" genutzt wird.

   ____

5. Füllt den folgenden Lückentext aus.
   Will man beispielsweise zwei Feststoffe durch Extraktion trennen, so müssen sich beide Feststoffe in ihrer ____________ -keit im verwendeten Lösungs- __________ deutlich unterscheiden. Löst sich ein Feststoff im Lösungsmittel ______________ , der ander jedoch ___________________ , so kann der unlösliche Feststoff abgefiltert werden. Bei der Teebereitung mithilfe eines Teebeutels ist das Wasser das _________________ -mittel, die Teebeutelwand dient als ________________ .

____

Name: Klasse: Datum:

Station 6: Papierchromatografie

Material:

5 Bechergläser (100 ml), Rundfilter, Schere, verschiedene Tintensorten, Filzstifte (schwarz, braun, grün, orange usw.)

Durchführung:

1. schneidet eine „Lasche" in das Filterpapier, wie auf nebenstehender Skizze angedeutet.
2. Markiert nun kleine Farbpunkte mit einem Durchmesser von ca. 3 mm um die Mitte des Filterpapiers, wie auf der nebenstehenden Skizze angedeutet.
3. Notiert mit Bleistift die Farbe und die Herstellerfirma (z. B. blau, Pelikan) bei den einzelnen Farbpunkten.
4. Füllt das Becherglas etwa zu ¾ mit Wasser.
5. Schlagt nun die Papierlasche etwas nach unten und legt den Rundfilter auf den Becherglasrand. Die Filterpapierlasche muss in das Wasser eintauchen, wie auf nebenstehender Abbildung zu sehen.

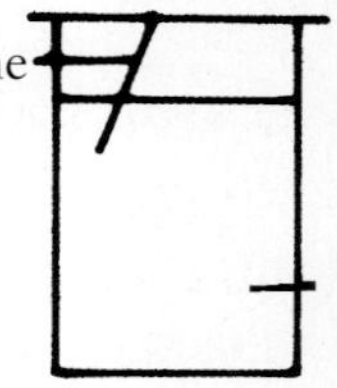

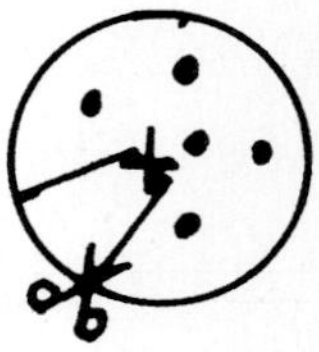

Aufgaben:

1. Notiert eure Versuchsbeobachtungen und versucht sie zu deuten.

   ____

2. Informiert euch über die Stoffeigenschaft, die beim Chromatografieren ausgenutzt wird.

   ____

3. Vervollständigt folgenden Lückentext.
   Durch Chromatografieren kann man kleinste Stoffmengen voneinander trennen. Dazu müssen die zu trennenden Stoffe in einem Lösungsmittel, dem ____________ -mittel, unterschiedlich gut ____________________ sein. Anwendungsfelder der Chromatografie sind: ______________________________

   ____

____

Name: Klasse: Datum:

Station 7: Vermischtes zu „Chemische Trennverfahren“

Aufgaben:

1. Füllt die folgende Tabelle aus und ergänzt die fehlenden Begriffe.

Trennverfahren	zur Trennung genutzte Stoffeigenschaft	Anwendungsbeispiele	Anmerkungen, Hinweise
Auslesen		Diamanten-, Gold- und Mineraliensuche im Bergwerk	
Sedimentieren			
	Teilchengröße		
		Siedesalz gewinnen	
	Siedetemperatur		
Extrahieren			
	Haftfähigkeit und Löslichkeit		
		Küchendünste in der Abzugshaube auffangen	
		Milch entrahmen, Blutzellen von Plasma trennen	

2. Nennt und beschreibt die Trennverfahren, die man beim „Kaffeemachen“ mit einer Kaffeemaschine anwendet.

Name: Klasse: Datum:

Wahlstation 1: Trinkwasser aus Meerwasser

Material: – Chemiebücher
– Internet

Aufgaben:

1. Informiert euch in Chemiebüchern und im Internet über die verschiedenen Möglichkeiten der Trinkwassergewinnung aus Meerwasser.
   Stellt eure Ergebnisse in einer Übersicht dar und beurteilt auch Vor- und Nachteile der einzelnen Verfahren.

2. Weshalb kann man Meerwasser weder als Trinkwasser noch zur Bewässerung von Feldern verwenden? Begründet eure Aussage.

3. Viele Meerwasserentsalzungsanlagen findet man am Persischen Golf. Wie lässt sich das erklären?

4. Vergleicht Trinkwasser und Meerwasser anhand einer Tabelle.

5. Viele Kriege, die derzeit weltweit geführt werden, sind sog. „Wasserkriege". Was ist darunter zu verstehen und wie lässt sich das erklären? Berichtet.

6. Erfindet eine einfache Versuchsanordnung mit Alltagsgeräten (ohne Glasgeräte aus der Chemiesammlung!) und zeigt daran, wie man Trinkwasser aus Meer- und Salzwasser gewinnen kann.

   Die Versuchsanordnung könnte dazu gedacht sein, ein entsprechendes Entwicklungshilfeprojekt in einem südamerikanischen, afrikanischen oder asiatischen Land zu unterstützen.

Name: Klasse: Datum:

Wahlstation 2: Dialyse („Blutwäsche“) und Co.

Aufgaben:

1. Viele Menschen in Deutschland sind „nierenkrank“ und müssen mehrmals in der Woche zur „Dialyse“.
   a) Informiert euch über die Bedeutung der Dialyse.
   b) Skizziert, wie eine „Dialyseanlage“ funktioniert.

   c) Beschreibt die Notwendigkeit, aber auch die Nachteile einer „Dialyse“.

   ____

   ____

   d) Wie lässt sich erklären, dass Menschen nach der „Dialyse“ mitunter recht schwach sind und sich unwohl fühlen?

   ____

   ____

2. Das „Dialyse- oder Membranverfahren“ nutzt man auch beispielsweise bei der Trinkwassergewinnung aus Meersalz.
   a) Beschreibt, wie das Verfahren technisch durchgeführt wird.

   ____

   ____

   b) Beurteilt Vor- und Nachteile des Membranverfahrens.

   ____

   ____

3. … geradezu wie ein Traum: Landwirtschaftliche Nutzflächen in der Wüste.

Welches sind die Nachteile dieses Traumes, der vielerorts schon Realität ist? Berichtet.

____

____

____

____

Name: Klasse: Datum:

Wahlstation 3: Rätselhaftes zum Thema „Trennen“

Aufgaben:

Löst das folgende Worträtsel. Findet die gesuchten Buchstaben anhand der markierten Felder. Bringt die Buchstaben des „Buchstabensalates“ in die richtige Reihenfolge und findet so die Lösung. Viel Freude und Erfolg!

1 Trennverfahren, das beim „Brennen von Schnaps“ angewandt wird (Substantiv)
2 „Blutwäsche“ nennt man in der Fachsprache ...
3 Anlage zur Gewinnung von Siedesalz
4 Trennverfahren, das Goldwäscher ausnutzen (Verb)
5 Milch wird in der Molkerei entrahmt durch ... (Verb)
6 Öle und Fette aus Früchten gewinnt man meist durch ... (Verb)
7 Küchendünste werden in der Dunstabzughaube „festgehalten“, d. h. ...
8 Tinten- oder Filzstift-Farbstoffe trennt man durch ... (Verb)
9 ausgenutzte Stoffeigenschaft beim Destillieren
10 aus der Destillationsapparatur tropft ein abgetrennter Stoff, das ... (Substantiv)
11 beim Goldwaschen nutzt man die Stoffeigenschaft ... aus
12 in einer Dunstabzugshaube ist ... enthalten; diese bindet die „Küchengerüche“
13 beim Extrahieren nutzt man die Stoffeigenschaft ... aus (Substantiv)
14 „abgießen“ nennt man auch ... (Verb)
15 durch den Filter tropft das ... (Substantiv)

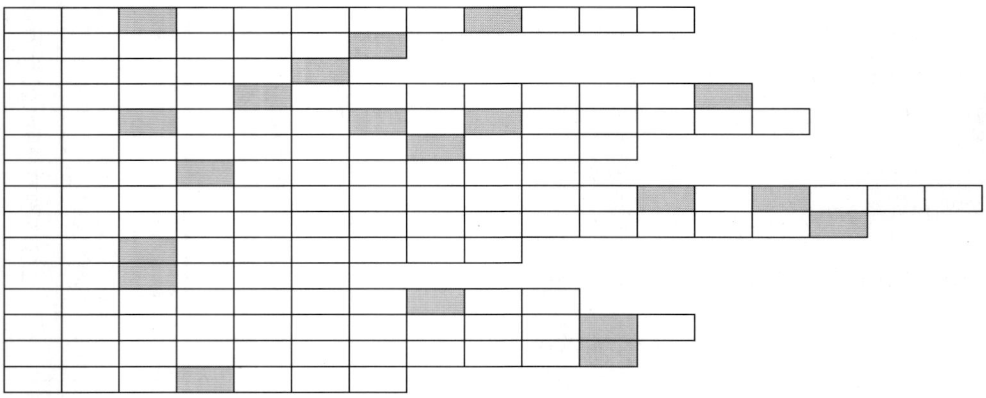

Lösungsworte (mit einem Leerfeld zwischen den Worten):

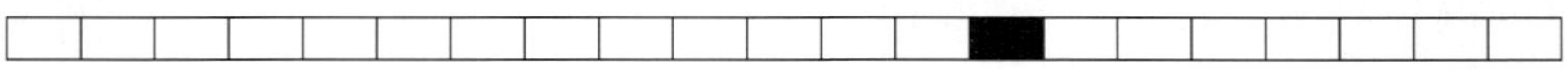

Name: Klasse: Datum:

Lösung des Worträtsels zur Wahlstation 3

1	D	E	S	T	I	L	L	A	T	I	O	N					
2	D	I	A	L	Y	S	E										
3	S	A	L	I	N	E											
4	S	E	D	I	M	E	N	T	I	E	R	E	N				
5	Z	E	N	T	R	I	F	U	G	I	E	R	E	N			
6	E	X	T	R	A	H	I	E	R	E	N						
7	A	D	S	O	R	B	I	E	R	T							
8	C	H	R	O	M	A	T	O	G	R	A	F	I	E	R	E	N
9	S	I	E	D	E	T	E	M	P	E	R	A	T	U	R		
10	D	E	S	T	I	L	L	A	T								
11	D	I	C	H	T	E											
12	A	K	T	I	V	K	O	H	L	E							
13	L	O	E	S	L	I	C	H	K	E	I	T					
14	D	E	K	A	N	D	I	E	R	E	N						
15	F	I	L	T	R	A	T										

Zwei Lösungsworte (mit einem Leerfeld zwischen beiden Worten):

S	T	O	F	F	G	E	M	I	S	C	H	E		T	R	E	N	N	E	N

Empfehlungen für die Planung und Durchführung des experimentellen Lernzirkels „Carbonsäuren“

Durch weitgehend selbstständiges und selbst gesteuertes Arbeiten der Schüler in Gruppen sollen die Schüler ausgewählte organische Säuren, deren Eigenschaften und Verwendungsmöglichkeiten kennen lernen, sich im **selbstständigen Arbeiten im Team** (zielbezogene Arbeitsgruppe) üben und den eigenen **Lernfortschritt** und **Wissens**zuwachs im Sinne einer Selbstevaluation bewerten und beurteilen lernen.

Es ist empfehlenswert, vor Beginn des Lernzirkels „Carbonsäuren“ den Schülern den vorgeschlagenen Vortest Carbonsäuren vorzulegen und diesen in Einzelarbeit bearbeiten zu lassen. Dadurch erhalten die Schüler einerseits einen ersten Einblick in den Themenbereich Carbonsäuren und werden sich ihres mitunter nur aspekthaft vorhandenen Vorwissens bewusst, andererseits wird ihr Blick für die einzelnen inhaltlichen Bausteine, die im Lernzirkel an den einzelnen Stationen zu bearbeiten sind, gezielt geschärft. Durch diese Fokussierung auf die Unterrichtsthematik kann nicht nur **Interesse** geweckt und die sachbezogene Motivation gefördert werden, sondern es wird den Lernenden auch bewusst, was sie noch nicht wissen und dass das nicht vorhandene Wissen in der Stationenarbeit gezielt aufgebaut werden kann und soll.

Der **Vortest** (Vorlage Vortest siehe Seite 30) bleibt bei den Schülern und wird auch zunächst nicht korrigiert. Er ist eine Art „Blitzlicht“ zum Vorwissen des einzelnen Schülers und nur für den jeweiligen Schüler relevant. Am Ende der Lernzirkeleinheit Carbonsäuren wird ein zum Vortest inhaltlich gleicher **Nachtest** von den Schülern geschrieben (Vorlage Nachtest siehe Seite 32). Der Nachtest kann ggf. von den Schülern selbst korrigiert und bewertet werden, wenn der Erwartungshorizont bei den einzelnen Aufgaben zur Kontrolle beispielsweise auf dem Experimentierpult ausliegt. Auch kann der Vortest nun korrigiert und mit den erzielten Ergebnissen im Nachtest verglichen werden. So können die Schüler im Sinne einer **Selbstevaluation** den eigenen Lernfortschritt feststellen und einerseits erkennen, welchen Wissenszuwachs sie sich während der Lernzirkelarbeit erworben haben, andererseits wird auch deutlich, wo Wissensdefizite vorhanden sind, die dann mit Wissen gefüllt werden. Letzteres kann ggf. in die häusliche Nacharbeit verlagert werden.

Zu Beginn der Lernzirkelarbeit ist empfehlenswert, den Schülern zunächst mit Hilfe einer OHP-Folie einen **Überblick** über die einzelnen Themenbereiche der Lernstationen zu geben (s. Kopiervorlage Seite 27). Zudem sollte ggf. in gemeinsamer Absprache mit den Schülern abgeklärt werden, wie lange die Schüler für die Bearbeitung des Lernzirkels Zeit zur Verfügung haben (je nach Leistungsfähigkeit der Schüler, Interessenlage, vorgegebener Anzahl von Pflichtstationen etc.) und in welchen sozialen Gruppierungen gearbeitet werden soll (z.B. frei gewählte Interessengruppen, Arbeit nur in Zweier-Grupppen etc).

Zudem muss zu Beginn der Stationenarbeit geklärt werden, wo die Stationenmaterialien bereitliegen und abgeholt werden können, wie die Lernergebnisse an den einzelnen Stationen von den Schülern zu protokollieren sind und wie die Besprechung der Endergebnisse erfolgen soll. Hierfür bietet sich beispielsweise an, dass am Ende der Lernzirkelarbeit je zwei Schüler die Ergebnisse einer bestimmten Station vor der Klasse vorstellen und ein zusammenfassendes **Protokoll**blatt, ggf. korrigiert durch den Lehrer, den Mitschülern zur Verfügung stellen. Eine derartige Präsentation der Ergebnisse kann durchaus mit zur Leistungsbeurteilung und -bewertung herangezogen werden. Ferner ist es lohnenswert, dass auch die Art und Qualität der Arbeit der einzelnen Schülergruppen mit in die **Notenfindung** einfließen kann.

Übersicht über die Stationen „Carbonsäuren“

Station 1: Organische Säuren in Alltag und Umwelt

Station 2: Die Welt des Essigs

Station 3: Essigsäure – chemisch betrachtet

Station 4: Ameisensäure

Station 5: Einfache Carbonsäuren im Überblick

Station 6: Höhere Carbonsäuren

Station 7: Carbonsäuren mit mehreren funktionellen Gruppen

Station 8: Citronensäure

Station 9: Mikrobielle Gewinnung von Citronensäure

Station 10: Oxalsäure

Station 11: Vielfalt der organischen Säuren

Station 12: Rund um die Carbonsäuren (Rätsel)

Wahlstation 1: Rätselhafte Carbonsäuren

Wahlstation 2: Technische Herstellung von Essig

Wahlstation 3: Komplexe Zuordnungsaufgaben „Carbonsäuren“

Wahlstation 4: Löslichkeit von Carbonsäuren

Wahlstation 5: Schmelz- und Siedetemperaturen von Carbonsäuren

Vorbemerkungen zum Thema „Carbonsäuren“

Schwerpunkte der Lernzirkelarbeit „Carbonsäuren“: Durch weitgehend selbstständiges, selbst gesteuertes Arbeiten der Schüler in Gruppen sollen die Schüler ausgewählte organische Mono-, Di- und Tricarbonsäuren, deren Eigenschaften und Verwendungsmöglichkeiten kennen lernen, sich im selbstständigen Arbeiten im Team (zielbezogene Arbeitsgruppe) üben und den eigenen Lernfortschritt im Sinne einer Selbstevaluation bewerten und beurteilen lernen.

Die Carbonsäuren sollen durch die Lernenden nicht nur als chemisch wichtige Stoffgruppe, sondern auch als lebenswichtig und technisch bedeutsam erkannt werden.

Als **Unterrichtsziele** (fachliche und überfachliche Lernziele) sind im Einzelnen besonders wichtig: Die Lernenden sollen durch die Lernzirkelarbeit

- entdecken und erfahren, welche Zusammenhänge zwischen Stoffeigenschaften und Struktur von Carbonsäuren bestehen.
- angeben und begründen können, dass und warum Ameisen-, Essig- und Propionsäure Carbonsäuren sind.
- die Gruppe – COOH als funktionelle Carboxylgruppe benennen und in ihrer Struktur aufzeichnen können.
- zwischen Mono-, Di- und Tricarbonsäuren unterscheiden und diese an Beispielen verdeutlichen können.
- ausgewählte Eigenschaften von Oxylsäure nennen, ihr Vorkommen in der Natur angeben und ihre Giftigkeit für den Menschen (Abfangen von Ca-Ionen und Bildung schwer löslicher Oxalate) erklären können.
- um die vielfältigen Bedeutungen von Citronensäure als „Bio-Säure“ wissen und Bedeutungsfelder exemplarisch nennen können.
- erläutern können, dass Carbonsäuren durch Oxidation von Alkoholen entstehen.
- die biotechnische Herstellung von Essig erklären und diesen Prozess als aerob bezeichnen können.
- sich im systematischen, problemlösenden Denken und Arbeiten üben können (Stichwort: Handlungsorientierung).

Hinweis: Die Thematik dieses Lernzirkels kann auch als Mini-Projekt (im Fach Chemie oder fächerübergreifend zu Biologie) bearbeitet werden.

Vorgesehene Zeitdauer: 4 bis 10 Unterrichtsstunden in Abhängigkeit von der Leistungsfähigkeit und Interessenlage der Lernenden, von der Anzahl verbindlich festgelegter Lernstationen, vom Vorwissen und den Erfahrungen der SchülerInnen mit Formen selbsttätigen Lernens und Handelns.

Laufzettel zum Thema Carbonsäuren

Datum	Zeitdauer (in Min.)	Thema/Station	Zusammenarbeit (Mitschüler)

Bemerkungen zu einzelnen Stationen (z. B. Schwierigkeitsgrad, Aufgaben) **und der gemeinsamen Arbeit in der Gruppe** (z. B. Zusammenarbeit, Arbeitsteilung, Effektivität, aufgetretene Schwierigkeiten etc.): ______________________________

____

Einschätzung der **eigenen** Arbeit und des **eigenen** Lernerfolgs während der Stationenarbeit:

____

____

____

____

____

Name: Arbeitsgr.: Klasse: Datum:

Vortest (wird von den Lernenden zur Feststellung des Vorwissens unmittelbar vor dem Tätigsein an den Stationen bearbeitet)

Erreichbare Punktzahl: 18

Erreichte Punktzahl: ____________

Aufgaben: ____________

1. Nenne Namen von vier organischen Säuren.

2. Notiere die funktionelle Gruppe der organischen Säuren. 2 Punkte

3. Begründe, weshalb man die organischen Säuren auch „Carbonsäuren" oder „Alkansäuren" nennt. 2 Punkte

4. Skizziere und beschreibe die technisch-industrielle Herstellung von Speiseessig. 2 P.

5. Begründe, weshalb man Oxalsäure als „giftige Dicarbonsäure" bezeichnet. 2 P.

Name: Klasse: Datum:

Vortest (wird von den Lernenden zur Feststellung des Vorwissens unmittelbar vor dem Tätigsein an den Stationen bearbeitet)

6. Skizziere ein Carbonsäuremolekül (Strukturformel). 4 Punkte
   a) Erläutere daran die Begriffe „lipophil" („hydrophob" und hydrophil" „lipophob"), „polar" und „unpolar".
   b) Erkläre anhand der Strukturformel die unterschiedliche Wasserlöslichkeit verschiedener Carbonsäuren.

7. Nenne Carbonsäuren, die man in folgenden Lebensmitteln, Reinigern etc. finden kann. 4 Punkte

   Wein, Traubensaft: ____________________
   Birnen, Äpfel: ____________________
   Spinat, Mangold: ____________________
   Apfelsinen, Mandarinen: ____________________
   Speisefette (z. B. Butter) und Speiseöle
   (z. B. Olivenöl): ____________________
   Johannisbeeren, Backpulver,
   Brausepulver: ____________________
   Muskulatur (bei „Muskelkater"): ____________________
   Joghurt, Sauerkraut: ____________________
   WC-Reiniger: ____________________

Name: Klasse: Datum:

Nachtest (wird von den Lernenden zur Feststellung des Vorwissens unmittelbar vor dem Tätigsein an den Stationen bearbeitet)

Hinweis: Der folgende Test ist zur Selbst- oder/und Fremdevaluation geeignet.

Erreichbare Punktzahl: 18 Erreichte Punktzahl: ____________

Aufgaben: ______________________

1. Nenne die Namen von vier organischen Säuren. 2 Punkte

____

2. Notiere die funktionelle Gruppe der organischen Säuren. 2 Punkte

____

3. Begründe, weshalb man die organischen Säuren auch „Carbonsäuren“ oder „Alkansäuren“ nennt. 2 Punkte

____

4. Skizziere und beschreibe die technisch-industrielle Herstellung von Speiseessig. 2 Punkte

____

5. Begründe, weshalb man Oxalsäure als „giftige Dicarbonsäure“ bezeichnet. 2 Punkte

____

Name: Klasse: Datum:

Nachtest (wird von den Lernenden zur Feststellung des Vorwissens unmittelbar vor dem Tätig-sein an den Stationen bearbeitet)

6. Skizziere ein Carbonsäuremolekül (Strukturformel).
   a) Erläutere daran die Begriffe „lipophil“ (= „hydrophob“ und hydrophil“ (= „lipophob“), „polar“ und „unpolar“.
   b) Erkläre anhand der Strukturformel die unterschiedliche Wasserlöslichkeit verschiedener Carbonsäuren. 4 Punkte

7. Nenne Carbonsäuren, die man in folgenden Lebensmitteln, Reinigern etc. finden kann. 4 Punkte

   Wein, Traubensaft: ______
   Birnen, Äpfel: ______
   Spinat, Mangold: ______
   Apfelsinen, Mandarinen: ______
   Speisefette (z. B. Butter) und Speiseöle (z. B. Olivenöl): ______
   Johannisbeeren, Backpulver, Brausepulver: ______
   Muskulatur (bei „Muskelkater“): ______
   Joghurt, Sauerkraut: ______
   WC-Reiniger: ______

Name: Klasse: Datum:

Station 1: Organische Säuren im Alltag

Material:

- Packungen von Fruchtgummi
- Einmachgurken (Glas)
- Sanitärreiniger
- Joghurt
- Sauermilch
- Sauerkraut
- pH-Papier oder pH-Meter
- Chemiebücher; Lexika
- Internet

Aufgaben:

1. Untersucht die Zutatenliste verschiedener Lebensmittel bzw. die Inhaltsliste von Haushaltsreinigern auf organische Säuren.
   a) Haltet säurehaltige Lebensmittel und säurehaltige Reiniger und die zugehörigen Säuren in einer Tabelle fest.
2. Stellt den pH-Wert säurehaltiger Lebensmittel (z. B. Joghurt, Sauermilch, Sauerkraut, Fruchtsäfte etc.) sowie säurehaltiger Haushaltsreiniger fest.
3. Weshalb werden viele Lebensmittel angesäuert? Informiert euch und berichtet.
4. Vielen Lebensmitteln werden Zusatzstoffe zugesetzt. Zusatzstoffe in Lebensmitteln müssen in ganz Europa einheitlich mit E-Nummern kenntlich gemacht werden. Sucht die E-Nummern auf den Zutatenlisten (Ingredienzien-Listen) der Lebensmittelverpackungen und haltet eure Ergebnisse in einer Tabelle wie der folgenden fest.

Lebensmittel	E-Nummern	Hinweise

5. Vervollständigt folgende Tabelle mit E-Nummern

E-Nummern	**zugehörige Stoffe**
E 236 – E 238	
E 260 – E 263	
E 270	
	Propionsäure (Propansäure) und ihre Salze
	Citronensäure und ihre Salze (Citrate)
E 334 bis E 337	
…	

Name: Klasse: Datum:

Station 2: Die Welt des Essigs

Material:

- Haushaltsessig (Speiseessig) und andere Essigarten
- Chemiebücher
- Internet

Aufgaben:

1. Welche Essigarten lassen sich unterscheiden? Stellt die Essigarten zusammen und charakterisiert sie. Erstellt dazu eine Übersicht.
2. Untersucht Essig. Informiert euch zunächst über die verschiedenen Möglichkeiten der Essiguntersuchung und die experimentellen Voraussetzungen anhand von Büchern. Verwendet für eure Untersuchungen u.a. Universalindikator, eine Apparatur zur Messung der elektrischen Leitfähigkeit, ein pH-Meter (bzw. pH-Papier), Mg-Band. Haltet eure Ergebnisse in einer Tabelle übersichtlich fest.
3. Essig ist bekanntlich sauer. Neutralisiert Essig mithilfe von 0,1 mol/L NaOH und verwendet dazu die Leitfähigkeitstitration.
   a) Baut eine entsprechende Versuchsapparatur auf und lasst den Versuchsaufbau von der Lehrperson genehmigen.
   b) Führt nun den Versuch – nach Genehmigung durch die Lehrperson – durch. Zeichnet in ein Diagramm (s. u.) eure Messergebnisse ein und verbindet die Messergebnisse zu einer Kurve. Die Kurve könnt ihr auch mithilfe eines PC aufnehmen und ausdrucken lassen.
   c) Markiert den Neutralpunkt mit roter Farbe.
   d) Interpretiert/Erläutert die aufgenommene Kurve.

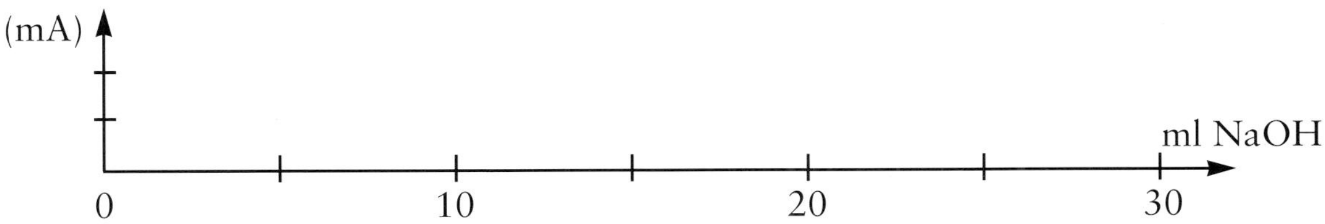

4. Informiert euch über die verschiedenen technischen Möglichkeiten zur Gewinnung von Essig und haltet die einzelnen Verfahren schriftlich fest.
5. Essig ist nicht gleich Essig! Was ist Balsamico-Essig und weshalb ist dieser Essig so teuer?
6. Erstellt eine möglichst umfassende Übersicht zu Essig (Geschichte, Eigenschaften, Verwendung, Essigarten usw.).

Name: Klasse: Datum:

Station 3: Essigsäure – chemisch betrachtet

Material:

- Essigsäure, Eisessig
- Natronlauge (NaOH, 1 mol/L)
- pH-Meter
- Mg-Band

Aufgaben:

1. Die Messung des pH-Wertes kann helfen, Stoffe besser einschätzen und beurteilen zu können.
   a) Messt den pH-Wert von 20%iger, 10%iger, 5%iger und 2,5%iger Essigsäure.
   b) Stellt die gemessenen pH-Werte (Versuchsergebnisse) – möglichst unter Nutzung des PC – grafisch dar (z. B. Säulen- oder Balkendiagramm etc.).
   c) Wie lassen sich die Versuchsbeobachtungen erklären?
2. Säuren kann man neutralisieren, so auch Essigsäure.
   a) Neutralisiert 5 ml reine Essigsäure mit Natronlauge. Erstellt eine Messreihe (Ausgangs-pH-Wert: ...; Zugabe von 2 ml NaOH: pH ...; Zugabe weiterer 2 ml NaOH: pH ... usw.).
   b) Haltet die pH-Werte nach je 2 ml NaOH-Zugabe schriftlich fest:

   Zugabe von ...... ml NaOH

–	2	4	6	8	10	12	14																		

   gemessene pH-Werte

   c) Zeichnet die Veränderungen des pH-Wertes pro 2 ml Natronlauge übersichtlich auf (Diagramm).
3. Formuliert die Reaktionsgleichung für die Neutralisation von Essigsäure mit Natronlauge und benennt die Stoffe.
4. Säuren reagieren mit manchen Metallen.
   a) Gebt ein Stück Mg-Band in einige Milliliter 10%ige Essigsäure. Wiederholt den Versuch mit Zink statt Magnesium und vergleicht.

   Versuchsskizze: Versuchsbeobachtungen:

   b) Formuliert die Reaktionsgleichungen für die Reaktion von Essigsäure mit Magnesium bzw. Zink und benennt die Stoffe.

Name: Klasse: Datum:

Station 4: Ameisensäure (Methansäure)

Material:

- Ameisensäure (5%ig)
- Kalkstein oder kalküberzogenes Metallstück (z.B. Sieb aus einem Wasserhahn)
- Porzellan- oder Glasschale
- pH-Papier
- Indikatoren, flüssig

Aufgaben:

1. Gebt in fünf Reagenzgläser je ca. 5 ml Ameisensäure (ca. 5%ig). Gebt dann in die verschiedenen Reagenzgläser etwas Mg-Band, Cu-Folie, Ca-Späne, Zn-Körner und Ag-Folie.
   a) Notiert die Versuchsbeobachtungen.
   b) Erklärt die Versuchsbeobachtungen und formuliert die entsprechenden Reaktionsgleichungen
2. Gebt zu 5%iger Ameisensäure einige Tropfen Universalindikator. Wie lässt sich die Beobachtung deuten?
3. Erstellt die Reaktionsgleichung für die Dissoziation von Ameisensäure in Wasser.
4. Verdünnt 10 ml 5%ige Ameisensäure mit Wasser so lange, bis der pH-Wert neutral ist.
   a) Notiert die verbrauchte Wassermenge.
   b) Welche Folgerungen lassen sich daraus ziehen?
5. Erklärt, weshalb man Ameisensäure nicht in Metallgefäßen aufbewahren darf.
6. Ameisensäure kommt – wie der Name schon sagt – bei Ameisen vor und hat für diese Insekten eine große Bedeutung.
   a) Wie verfärbt sich wohl ein Universalindikatorstreifen, den man auf einen Ameisenhaufen legt?
   b) Informiert euch über die Bedeutung der Ameisensäure für Ameisen. Notiert eure Ergebnisse.

Name: Klasse: Datum:

Station 5: Einfache Carbonsäuren im Überblick

Material:
- organische Säuren aus dem Chemikalienschrank
- Chemiebücher, Lexika

Aufgaben:

1. Ameisensäure, auch Methansäure genannt, ist eine preiswerte Säure, die wirksamer Bestandteil vieler Entkalkungsmittel ist. Formuliert die Reaktionsgleichung für die Reaktion von Ameisensäure mit Kalk.
2. Weshalb darf man Essig nicht in Metallgefäßen aufbewahren, sondern nur in Glas-, Porzellan- oder Kunststoffflaschen?
3. **Merkmale** von Carbonsäuren:
   a) Weshalb nennt man die Organischen Säuren auch Carbon- bzw. Alkansäuren? Erklärt.
   b) Welches ist die funktionelle Gruppe aller Carbonsäure-Moleküle? Notiert den Namen dieser Gruppe und skizziert diese funktionelle Gruppe.
   c) Alkansäuren (Carbonsäuren) leiten sich von den entsprechenden Kohlenwasserstoffen ab. Wie wird der Name der einzelnen Carbonsäuren gebildet? Nenne Beispiele.
4. Welche **drei** Carbonsäuren zählen zu den **niederen** Carbonsäuren? Notiert Namen und Summenformeln.
5. Setzt die richtigen Begriffe ein.
   Die Eigenschaften der Carbonsäuren werden durch zwei „Teile“ der Carbonsäuremoleküle bestimmt: durch die hydro-________________-Gruppe und den hydro-______________Kohlenwasserstoff-Rest. Mit der Anzahl der ____________ pro Molekül nimmt der Einfluss des Kohlenwasserstoff-Restes zu.
   Markiert und benennt in folgendem Schema diese beiden „Teile“ eines Carbonsäure-Moleküls. Schema: CH_3 – $COOH$
6. In der folgenden Tabelle sind einige einfache Carbonsäuren (Mono-Carbonsäuren) bzw. deren Formeln aufgeführt. Vervollständigt die Tabelle.

Trivialname	Systematischer Name	Halbstrukturformel	Strukturformel
Ameisensäure			
	Ethansäure		
		C_2H_5-COOH	
	Butansäure		
			H H H H O H–C–C–C–C–C–O–H H H H H

Name: Klasse: Datum:

Station 6: Höhere Carbonsäuren

Material: – Chemiebücher
– Internet

Aufgaben:

1. Langkettige Carbonsäuren (höhere Alkansäuren) haben mehr als drei C-Atome pro Molekül. Viele dieser höheren (= längerkettigen) Carbonsäuren kommen als Bestandteile von Fetten in allen Organismen vor. Auch der Mensch ist auf sie angewiesen.
Vervollständigt folgende Tabelle:

Name	**Anzahl der C-Atome pro Molekül**	**Summenformel**	**Vorkommen bzw. Bedeutung**	**Sonstiges**
Buttersäure (Butansäure)		C_3H__ _______		
Valeriansäure (Pentansäure)	5			
	6			
		$C_{15}H_{31}COOH$		
		$C_{17}H_{35}COOH$		
		$C_{17}H_{33}COOH$		einfach **ungesättigte** Fettsäure, d.h. 1 Doppelbindung pro Molekül
		$C_{17}H_{31}COOH$		zweifach **ungesättigte** Fettsäure; essentiell (lebenswichtig; Vitamin F)

2. Die **allgemeine** Summenformel der (niederen und höheren) **gesättigten Carbonsäuren mit einer Carboxylgruppe pro Molekül** lautet wie folgt:

   C ____ H __________ COOH (bitte vervollständigen)

   Berechnung der Summenformel der gesättigten Carbonsäure mit insgesamt 18 C-Atomen pro Molekül (Stearinsäure): C__H_____COOH

Name: Klasse: Datum:

Station 7: Carbonsäuren mit mehreren funktionellen Gruppen

Material: Chemiebücher

Aufgaben:

1. Viele Carbonsäuren in der Natur enthalten mehrere funktionelle Gruppen. Carbonsäuren mit **zwei** Carboxylgruppen pro Molekül nennt man ________ -säuren. Beispiele für solche Carbonsäuren sind:

Name	**Formel**
___________ (Ethan**di**säure)	HOOC–COOH
Malonsäure (Propan**di**säure)	
Bernsteinsäure (Butan**di**säure)	
	HOOC–$(CH_2)_4$–COOH

2. **Tri**carbonsäuren enthalten **drei** Carboxylgruppen pro Molekül. Die bekannteste Tricarbonsäure ist ______________________________, die in **allen** lebenden Zellen vorkommt. In größeren Mengen findet sich diese Tricarbonsäure beispielsweise in Stachelbeeren, Johannisbeeren sowie in Citrusfrüchten wie Apfelsinen, Mandarinen, Zitronen etc.
3. **Hydroxy**carbonsäuren sind organische Säuren, die neben der Carboxylgruppe noch eine oder mehrere Hydroxylgruppen enthalten.

Beispiel für eine Hydroxy-Carbonsäure:

```
      COOH
       |
  HO–C–H
       |
      CH3
```

Wie heißt diese obige Säure, wo kommt sie vor und welche Bedeutung hat sie für uns Menschen?

____

____

4. Enthält eine Carbonsäure eine oder mehrere Amino-Gruppen (NH2-Gruppen), so zählt man diese Säuren zu den ______________________. Diese sind die Bausteine, aus denen Proteine aufgebaut werden.
5. Sucht die Strukturformel von Citronensäure heraus und notiert sie.

Name: Klasse: Datum:

Station 8: Citronensäure – im Einsatz für Geschmack und Sauberkeit

Material: – FAZ vom 05.01.1995
– Citronensäure, Flaschen mit Cola, Tonic Water und Limonade

Citronensäure wird in der Technik von Jahr zu Jahr beliebter. Lest den abgedruckten Zeitungsartikel aus der „Frankfurter Allgemeinen Zeitung“ sorgfältig durch und bearbeitet dann die unten stehenden Aufgaben.

Citronensäure für Geschmack und Sauberkeit

Die Citronensäure wird in der Technik immer beliebter. Das hängt mit den besonderen Eigenschaften dieses schon lange genutzten Naturstoffes zusammen. Die Citronensäure kommt in allen tierischen und pflanzlichen Zellen vor und ist ein wichtiges Zwischenprodukt im Stoffwechsel der Kohlenwasserstoffe, Eiweiße und Fette. Im so genannten Citronensäurecyklus werden all diese Stoffe letztlich zu Kohlendioxid und Wasser verbrannt; die dabei freiwerdende Energie wird zum Aufbau körpereigener Stoffe, zum Atmen, Laufen, Vermehren, Denken und für viele andere Fähigkeiten der Lebewesen genutzt. Weil sie eine Schlüsselstellung im Kreislauf der Natur hat, ist die Substanz umweltverträglich wie kaum eine andere. Sie ist zudem eine starke Säure, vergleichbar etwa der Phosphorsäure. Man nutzt Citronensäure daher zum Reinigen, aber auch zum Einstellen eines sauren Milieus. Außerdem wirkt sie komplexbildend und fängt Schwermetallionen ein. Die Citronensäure ist zudem geschmacksbildend, gleichzeitig aber ohne Geruch; das macht sie in der Lebensmittelindustrie so beliebt.
In der Getränke- und Nahrungsmittelindustrie ist die Citronensäure heute einer der am weitesten verbreiteten Zusatzstoffe. Fast sechshunderttausend Tonnen Citronensäure werden weltweit im Jahr produziert, nahezu die Hälfte davon wird für Getränke verbraucht. Praktisch alle alkoholfreien Getränke, vom Fruchtsaft über Limonaden bis zu Cola und Tonic Water, enthalten zur Geschmacksverbesserung Citronensäure. Diese trägt zudem zur Haltbarkeit bei, weil viele Mikroorganismen in saurer Umgebung nicht wachsen.
Ferner nutzt man Citronensäure, um bei tiefgefrorenem Gemüse, Obst und Fertiggerichten ein unappetitliches Verfärben zu verhindern. Die Säure komplexiert nämlich die für viele oxydierende Enzyme notwendigen Spurenelemente. Auch Konserven wird sie zugesetzt, damit man diese zum Haltbarmachen weniger stark erhitzen muss, denn das saure Milieu wirkt zusätzlich bakterizid. Optische Frische und eine niedrige Keimzahl sind auch das Ziel, wenn man frisch gefangenen Fisch auf Eis bettet, das Citronensäure enthält, oder Rinderhälften mit einem Citronensäurespray besprüht.
Früher hat man hierfür Essigsäure verwendet, die wegen ihres unangenehmen Geruchs aber inzwischen durch Citronensäure ersetzt wurde. Nicht zuletzt dient die Citronensäure als Emulgator, etwa bei der Zubereitung von Streichkäse oder Kosmetika. In Medikamenten nutzt man die Substanz meist als Puffer, um den für den Wirkstoff günstigen pH-Wert einzustellen. Manchmal ist die Citronensäure auch durch Vitamin C (Ascorbinsäure) ersetzt.
Seit den achtziger Jahren wird Citronensäure zunehmend auch in technischen Bereichen verwendet. Zunächst hat man in vielen Waschmitteln die Phosphate durch die leicht abbaubaren Citrate ersetzt. Weitere Anwendungsbereiche sind hinzugekommen: Ob zum besseren Abbinden von Zement, zum Reinigen von Automotoren oder empfindlichen Membranen, ob zur Herstellung knitterfreier Bauwolltextilien, als Puffer beim Einfärben der Jeans oder als Ionenspeicher im Tierfutter, immer ist die Citronensäure oder eines ihrer Salze mit im Spiel. Bei der Papierherstellung und in der Chip-Produktion beginnt die Citronensäure zudem anorganische Säuren wie Salzsäure, Schwefelsäure und Phosphorsäure zu verdrängen.

Quelle: Frankfurter Allgemeine Zeitung; 05.01.1995

Aufgaben:

1. Welche Eigenschaften hat Citronensäure?

2. In obigem Zeitungsartikel wird Citronensäure als schon lange genutzter umweltverträglicher Naturstoff beschrieben. Wie ist diese Aussage zu erklären?

3. Nennt und beschreibt kurz die Anwendungsfelder für Citronensäure in Haushalt und Technik. Stellt eure Ergebnisse übersichtlich (z. B. in Form einer Mindmap oder mittels der Cluster-Technik) dar.

4. Informiert euch im Internet oder in chemischer bzw. chemisch-technischer Fachliteratur über weitere Verwendungsmöglichkeiten von Citronensäure.

Name: Klasse: Datum:

Station 9: Mikrobiell-technische (biotechnische) Herstellung von Citronensäure

Material: – Citronensäure
– Chemiebücher

Eine Pilzkultur auf Flüssigkeit im Querschnitt. Myceldecke

Aufgaben:

1. In der modernen Biotechnik werden derzeit schwerpunktmäßig zwei biotechnische Verfahren angewandt, um den Naturstoff Citronensäure herzustellen.

a) **Emersverfahren:**
Man beimpft eine sterile Nährlösung mit Sporen des Schimmelpilzes *Aspergillus niger.* Bei 30 °C und einem pH-Wert von ca. 2,5 hat sich binnen weniger Tage eine Myceldecke gebildet (s. Abb. oben).
Der wachsende Pilz gibt Citronensäure in das Nährmedium ab. Während der Wachstumsphase nutzt der Pilz die Kohlenhydrate im Nährmedium und baut bis zu 90 % des im Nährmedium vorhandenen Zuckers ab. Pro Liter Nährmedium können auf diese Weise binnen 14 Tagen bis zu 200 g Citronensäure gewonnen werden. Die großen Metallwannen, in denen der Pilz wächst, sind luftdicht verschlossen und werden erst geöffnet, wenn das Pilzmycel ausgepresst und Citronensäure gewonnen wird.

b) **Submersverfahren:**
In einem auf 30 °C temperierten Bio-Reaktor, der als Substrat Kohlenhydrate, Kohlenwasserstoffe, Mineralsalze usw. enthält, mischt man den Hefepilz *Yarrowia lipolytica.*
Bei einem pH-Wert von 4,7, ständiger Sauerstoffzufuhr und permanentem Durchmischen wächst der Pilz, baut die Substrate Zucker und Kohlenwasserstoffe ab und produziert Citronensäure: Nach ca. 10 Tagen kann man etwa 50 g Citronensäure pro Liter Nährmedium gewinnen.

a) Vergleicht die beiden Verfahren in einer Tabelle (Nährmedium, Kultivierungsbedingungen, Produktion pro Liter etc.).
b) Begründet, welches der Verfahren aerob und welches anaerob abläuft.

Name: Klasse: Datum:

Station 9: Mikrobiell-technische (biotechnische) Herstellung von Citronensäure

2. Informiert euch über die Herstellungsmengen von Citronensäure in Deutschland. Derzeit werden allein in Deutschland pro Jahr ca. __________ Tonnen Citronensäure biotechnisch hergestellt.
3. Citronensäure ist eine technisch wichtige Hydroxy-Tricarbonsäure.
   a) Notiert die Strukturformel dieser auch für Zellen von Lebewesen unverzichtbare Carbonsäure.

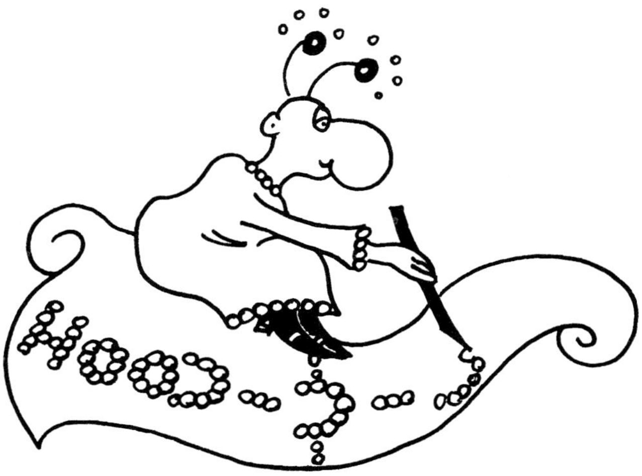

   b) Begründet, weshalb Citronensäure eine Hydroxy-Tricarbonsäure ist und markiert die verschiedenen funktionellen Gruppen mit unterschiedlichen Farben.

4. Berechnet die Molekülmasse von Citronensäure und vergleicht den errechneten Wert mit einem Tabellenwert aus der Literatur.

5. Wie lässt sich erklären, dass Citronensäure bei Zimmertemperatur fest ist?

Name: Klasse: Datum:

Station 10: Oxalsäure, eine Dicarbonsäure HOOC–COOH

Material: – Essigsäure (c = 0,1 mol/L)
– Oxalsäure (c = 0,1 mol/L)
– Büretten
– Messzylinder
– Apparatur zur Messung der elektr. Leitfähigkeit

Aufgaben:

1. Ist die Dicarbonsäure (Oxalsäure) doppelt so sauer wie die Monocarbonsäure Essigsäure?
   a) Gebt in einen Messzylinder (10 ml) 3 ml Essigsäure (c = 0,1 mol/L), in einen zweiten gleich großen Standzylinder 3 ml Oxalsäure (c = 0,1 mol/L).
   Fügt nun in jede Lösung fünf Tropfen Universalindikator. Stellt die beiden Messzylinder nebeneinander auf ein weißes Blatt Papier.
   Gebt nun so lange destilliertes Wasser zur stärkeren Säurelösung (= intensiver rot gefärbten Lösung), bis die Farbe in beiden Messzylindern annähernd gleich ist. Blickt zur Kontrolle von oben auf die Lösungen.
   b) Notiert den Verbrauch an destilliertem Wasser und erläutert die Versuchsbeobachtungen.

   ____

   Hinweis zur Entsorgung: Mit Kalkwasser neutralisieren und dann verdünnt in den Abguss.

2. Oxalsäure, die beispielsweise auch in Sauerklee (*Oxalis acetosella;* genauer: Hainsauerklee) vorkommt, wird auch Ethandisäure genannt.
   a) Begründet den systematischen Namen „Ethandisäure“.

   ____

   b) Baut mithilfe des Molekülbaukastens ein Molekül Oxalsäure auf. Notiert Summen- und Strukturformel.

   ____

3. Titriert Oxalsäure (c = 0,1 mol/L) mit Natronlauge (c = 0,1 mol/L), protokolliert den Verbrauch an NaOH und nehmt eine Titrationskurve auf. Erläutert und interpretiert den Kurvenverlauf.

   ____

Name: Klasse: Datum:

Station 11: Vielfalt der organischen Säuren

Material: Chemiebücher

Aufgaben:

1. Vervollständigt folgende Tabelle. Setzt Namen, Formeln etc. ein.

Name	Halb-Strukturformel	Mono-/Di-/Tri-Carbonsäure			Vorkommen und Bedeutung
		Mono-	Di-	Tri-	
	H–COOH	x			
Essigsäure (Ethansäure)					
Oxalsäure					
	CH_3CH_2–COOH				
Citronensäure					
Milchsäure					
Äpfelsäure					
Weinsäure					
	$CH_3(CH_2)_4$–COOH				
Benzoesäure					

Name: Klasse: Datum:

Station 12: Rund um die Carbonsäuren (Rätsel)

Aufgaben:

1. Findet anhand der folgenden Silben und Formelteile die versteckten Carbonsäuren.

– $(CH_2)_2$ – / CH_3 – / – COOH / CH_3CH_2 – / Me – / CH_3CHOH – / – re / Ci – / – than / Pro – / – säure / tro – / H – / A – / – nen – / Milch – / Äp – / Es – / – pion – / – COOH / Bern – / – mei – / – COOH / – säu – / – re / – re / – COOH / – säu – / HOOC – / – sen – / – COOH / – fel – / – säu – / O – C – COOH / – stein – / – säu – / – COOH / -sig – / –re / – säu – / – re / – säu – / – re – / – säu – / – re – / – COOH / – COOH / – COOH / – CH_2 – / –C(H)(OH)–

2. Notiere die gefundenen Namen und Formeln.

3. Vergleiche die gefundenen Namen und Formeln mit denen auf dem Lösungsblatt.

Name: Klasse: Datum:

Station 12: Lösung des Rätsels

Lösung:

Methansäure (Ameisensäure)	H – COOH
Citronensäure	HO – C(COOH)(COOH) – COOH, i.e. $HO-\overset{\overset{\Large COOH}{\vert}}{\underset{\underset{\Large COOH}{\vert}}{C}}-COOH$
Milchsäure	$CH_3CHOH-COOH$
Essigsäure	CH_3-COOH
Bernsteinsäure	$HOOC-(CH_2)_2-COOH$
Propionsäure (Propansäure)	CH_3CH_2-COOH
Apfelsäure	$HOOC-\overset{\overset{\Large H}{\vert}}{\underset{\underset{\Large H}{\vert}}{C}}-\overset{\overset{\Large H}{\vert}}{\underset{\underset{\Large OH}{\vert}}{C}}-COOH$

Name: Klasse: Datum:

Wahlstation 1: Rätselhafte Carbonsäuren

1. Worträtsel.
   Löst das Worträtsel, d.h., setzt die gesuchten Begriffe in die waagrechten Zeilen ein und findet das Lösungswort, indem ihr die Buchstaben der markierten Felder in die richtige Reihenfolge bringt.

   1 einfachste Carbonsäure (Trivialname)
   2 entsteht aus Alkohol, wenn Wein sauer wird (Trivialname)
   3 Tricarbonsäure, die in allen lebenden Zellen vorkommt
   4 bereits 5 g davon können für einen Menschen tödlich sein; kommt in kleinen Mengen in vielen Pflanzen wie zum Beispiel Bambussprossen, Mangold, Sauerklee, Spinat, Rhabarber etc. vor
   5 findet sich in vielen Früchten (z.B. Vogelbeeren); wird als Konservierungsstoff verwendet
   6 ist an der Entstehung der sog. Weinsteinkristalle beteiligt, die sich am Boden von Weinflaschen oder am Korken absetzen
   7 systematischer Name für Essigsäure
   8 trägt mit zum frischen Apfelgeschmack/-aroma bei
   9 Säure findet sich in Joghurt und Sauerkraut, aber auch in angestrengten Muskeln und ist mit für den „Muskelkater" verantwortlich
   10 Stoff mit 3 C-Atomen; wird als Konservierungsstoff in Brot verwendet (Trivialname)
   11 anderer Name für Vitamin C („Anti-Scorbut-Vitamin)

1														
2														
3														
4														
5														
6														
7														
8														
9														
10														
11														

Lösungswort (12 Buchstaben; 4. Buchstabe ist vorgegeben):

			F								

Name: Klasse: Datum:

Wahlstation 1: Lösung für „Rätselhafte Carbonsäuren"

1	A	M	E	I	S	E	N	S	A	E	U	R	E	
2	E	S	S	I	G	S	A	E	U	R	E			
3	C	I	T	R	O	N	E	N	S	A	E	U	R	E
4	O	X	A	L	S	A	E	U	R	E				
5	S	O	R	B	I	N	S	A	E	U	R	E		
6	W	E	I	N	S	A	E	U	R	E				
7	E	T	H	A	N	S	A	E	U	R	E			
8	A	E	P	F	E	L	S	A	E	U	R	E		
9	M	I	L	C	H	S	A	E	U	R	E			
10	P	R	O	P	I	O	N	S	A	E	U	R	E	
11	A	S	C	O	R	B	I	N	S	A	E	U	R	E

Lösungswort (12 Buchstaben; 4. Buchstabe ist vorgegeben):

S	T	O	F	F	W	E	C	H	S	E	L

Name: Klasse: Datum:

Wahlstation 2: Technische Essigherstellung heute

Material: – Essigflaschen
– Internet
– Broschüren von Essigfirmen

Aufgaben:

1. Informiert euch über die verschiedenen Verfahren der Essigherstellung heute und berichtet.
   Skizziert auch ein Verlaufsdiagramm, wie das Substrat zum Essig wird.

2. Formuliert die entscheidende Reaktionsgleichung für die Essigherstellung.

   ____
   ____
   ____

3. Die Essigherstellung wird gelegentlich als „Essiggärung“ bezeichnet. Ist der Ausdruck „Essiggärung“ korrekt?
   Begründet eure Aussage aufgrund der Gleichung bei 2. (s. o.)

   ____
   ____
   ____

4. Informiert euch über den wertvollen „Balsamico-Essig“ und berichtet.

   ____
   ____
   ____

Name: Klasse: Datum:

Wahlstation 3: Komplexe Zuordnungsaufgaben „Carbonsäuren“

1. Auf dieser Seite sind Strukturformeln, Trivialnamen, systematische Namen, Formelmodelle, Summenformeln, Lebensmittel etc. durcheinander geraten. Schneidet die einzelnen Formeln und Begriffe in den Abbildungen aus, ordnet zugehörige Abbildungen einander zu und klebt sie nebeneinander auf. Viel Erfolg.

   Hinweis: Diese Station kann zwar als Einstieg in die Carbonsäuren zur Feststellung des Vorwissens verwendet, sollte aber besser erst dann bearbeitet werden, wenn eine Mindestanzahl von Pflichtstationen zum Lernzirkel „Carbonsäuren“ bereits bearbeitet wurde.

Sorbinsäure

C_3H_7COOH

Tricarbonsäure

Ethansäure

Citronensäure

ranzige Butter

Hydroxycarbonsäure

Essigsäure

Buttersäure

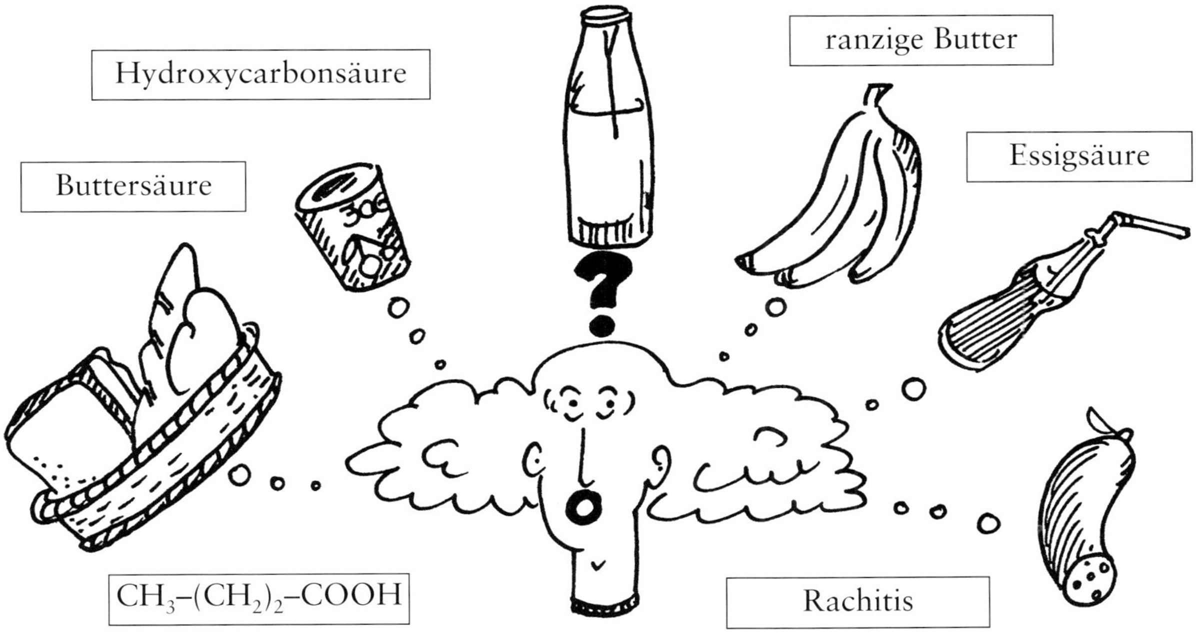

$CH_3–(CH_2)_2–COOH$

Rachitis

Ameisensäure

Zitrusfrüchte

Ascorbinsäure

H–COOH

Konservierungsstoff für Schnittbrot

Weinsäure

Vitamin C

Name: Klasse: Datum:

Lösung zur Wahlstation 3

Lösung:

Ameisensäure	H – COOH
Ethansäure	Essigsäure
Buttersäure	C_3H_7COOH
Tricarbonsäure	Citronensäure
Sorbinsäure	Konservierungsstoff für Schnittbrot
Ascorbinsäure	Vitamin C
Rachitis	Zitrusfrüchte
Hydroxycarbonsäure	Weinsäure
ranzige Butter	$CH_3 - (CH_2)_2 - COOH$

Name: Klasse: Datum:

Wahlstation 4: Löslichkeit von Carbonsäuren

Material: – Chemiebücher
– m-Heptan (F)
– Essigsäure, wasserfrei (ätzend)
– Reagenzgläser mit Gestell

Aufgaben:

1. Versuchsreihe „Löslichkeit“
Hinweise: 1. Vorsichtig experimentieren, da Eisessig stark ätzend ist. Schutzbrille! Schutzhandschuhe!
2. Chemikalienabfälle sachgerecht im Entsorgungsset entsorgen.

Füllt in zwei Reagenzgläser ca. 5 ml wasserfreie Essigsäure (Eisessig) und 5 ml n-Heptan.
a) Gebt in beide Reagenzgläser jeweils ca. 5 ml Wasser, schüttelt kurz und notiert eure Beobachtungen.
b) Gebt nun 2 ml reine Essigsäure (Eisessig) in 5 ml n-Heptan, schüttelt kurz und notiert eure Beobachtungen.

Aus der Versuchsreihe lassen sich folgende Schlüsse ableiten:
– Essigsäure ist mischbar mit ____________________.
– n-Heptan ist mischbar mit ____________, nicht aber mit
c) Fertigt ein Schema zur Mischbarkeit an.

2. Vervollständigt folgenden Lückentext.
Die Eigenschaften von Stoffen „fallen nicht vom Himmel“, sondern beruhen auf der jeweiligen ____________________ der Moleküle: Kohlenwasserstoffe wie zum Beispiel Alkane (z.B. Methan, Hexan, Decan) sind wasser- ____________________ (= ____________________), weil die Moleküle nicht polar, sondern ____________________ aufgebaut sind.
Ähnliches gilt auch für die Carbonsäuren, die man auch ____________________-säuren nennt. Jedes Carbonsäuremolekül besteht aus einem ____________________-wasserstoff-Rest und der funktionellen ____________________-gruppe. Der ____________________ -waserstoff-Rest ist lipo- ____________________ (= hydro- ____________________), d.h. ist ____________________-polar und löst sich deshalb nicht in Wasser oder wasserähnlichen Flüssigkeiten.
Die funktionelle Gruppe der Carbonsäure, die man ____________________-Grupppe nennt, ist dagegen polar aufgebaut, d.h. ist hydro- ____________________ (= ____________ -phob) und löst sich leicht in Wasser oder wasserähnlichen Flüssigkeiten.
Je länger der Kohlenwasserstoff-Rest einer Carbonsäure ist, desto ____________________ löst sich die Carbonsäure in Wasser, d.h. desto ____________________-philer ist sie. Je mehr Carboxyl-Gruppen eine Carbonsäure enthält, desto ____________________ löst sie sich in Wasser, d.h. desto ____________________-philer ist sie.

Name: Klasse: Datum:

Wahlstation 5: Schmelz- und Siedetemperaturen von Carbonsäuren

Material: – Chemiebücher
– Chemielexika
– Molekülbaukästen

Aufgaben:

1. In unpolaren Lösemitteln wie zum Beispiel Benzin und Paraffin lösen sich alle längerkettigen Carbonsäuren gut.
   a) Wie lässt sich dieses Löseverhalten der Carbonsäuren erklären?
   b) Skizziert die Anordnung von Carbonsäure-Molekülen in Benzin. Baut mit dem Molekülbaukasten diese Situation nach.

2. Schmelztemperaturen
   Zwischen den Kohlenwasserstoff-Resten verschiedener Carbonsäure-Moleküle herrschen zwischenmolekulare Kräfte, die man auch ____________-DER ______________ -Bindungen nennt.
   Diese Bindungskräfte sind zwar weniger stark als Atom- und Ionenbindungen, jedoch machen sie sich durchaus bemerkbar: Je länger die Kohlenwasserstoff-Reste, desto ____________________ sind diese Bindungskräfte.
   a) Wie lässt sich erklären, dass Carbonsäuren mit mehr als neun C-Atomen bei Zimmertemperatur fest sind?
   b) Notiert in einer Tabelle die Schmelztemperaturen von Alkanen und Alkansäuren von C_1 bis C_{10} und tragt anschließend die Werte grafisch auf; verwendet zur besseren Unterscheidung für die verschiedenen Stoffgruppen unterschiedliche Farben.

   Hinweis für das Diagramm:
   y-Achse: Temperatur (°C); x-Achse: Anzahl der C-Atome pro Molekül

3. Siedetemperaturen
   n-Butan (C_4H_{10}) siedet bereits bei 0,5 °C, Essigsäure mit ähnlich großen Molekülen siedet jedoch erst bei 118 °C; die Siedetemperatur von Essigsäure entspricht etwa der von Octan (C_8H_{18}; Sdt. 126 °C).
   Wie lassen sich die relativ hohen Siedetemperaturen der Carbonsäuren erklären? Erläutert.

Name: Klasse: Datum: